UNOHDETUN RANNAN RIEMUT

Susanna Lappalainen

Unohdetun Rannan riemut

Runoja

Kannen suunnittelu: Susanna Lappalainen
Kustantaja: BoD – Books on Demand, Helsinki, Suomi
Valmistaja: BoD – Books on Demand, Norderstedt, Saksa

ISBN: 978-952-80-0324-3

Soilelle

OSA I

JÄÄDÄ

Olen elänyt hyvin

olen elänyt huonosti

Unohdettu Ranta on kotini

en halua täältä pois

Kuolema on läsnä

Unohdetulla Rannalla

hiljainen vaaniva kissa

pehmeä, kaunis ja hellä

Muista kuolemaasi ihminen

Unohdetulla Rannalla

rakastettu, aika ja hiljaisuus

Kutsun paikkaa Unohdetuksi Rannaksi. Nimi
viehättää minua.

> Ojan varteen kasvanut
> vuokratalo. Puurokattila likoaa
> tiskialtaassa. Rakkaani tulee
> luokseni joka ilta
>
> Keskusteluja mielestä, kuinka
> mutkikkaaksi se tekee
> yksinkertaisen asian.
>
> Mitä pitäisi tehdä?
>
> katsoa varpusten lentoa
> pensaikossa.
>
> huomata kuinka paperipussi
> liitää sunnuntai-iltapäivänä
> pihalla.
>
> nähdä varis mainospylvään
> päällä.

Unohdetun Rannan riemut ovat
moninkertaiset: tärkeät
huomiot, määritelmien ja
tavoitteiden häivyttäminen
merkityksettömyyteen.

Aurinko laskeutuu maahan

valon muodossa

se laskeutuu asfaltille

kiiltää vesiläikässä

värjää ruohon

Mitä tarkoittaa alistuminen
merkityksille

tulkinnoille

Ihminen hakee turvaa

tulkinnoista, symboleista

toisto luo turvaa

syön joka aamu kaurapuuroa

Joka aamu paitsi tänään

mitä se merkitsee?

Näkökentän sivulla keltainen
auto

joku istuu puhdistusauton
ohjaamossa tänä aamuna

 aurinko silittää maisemaa

silitän kissaa

silmät päilyvät vihreää

salmiakkikuvio kapenee ohueksi
viiruksi kun hän kääntää päänsä
valoa kohti

Unohdetulla Rannalla päivät venyvät
toistensa kaltaisina

    ihmisen sallitaan luottaa
    toistoon

    hän hakee turvaa unesta,
    voimattomuudesta

    Ohi lipuvat ratikat

    ihmiset joilla on käsissä taito

    sydämissä into

    vailla merkitystä hylätyn rannan
    asukkaalle

Ohitseni kulkee kauniita ihmisiä

aika on minusta humahtanut ohi

Piirrän ruutupaperille spiraalin

pyrin noudattamaan sääntöä

Toiveet ahdistavat sielua

joka pyrkii lepoon

Kuinka kevyttä

riipiä pois

ne jotka tekevät ihmisestä
tyytymättömän

Toiveet lastataan heille

jotka näkevät tulkintoja

ohilipuvissa ratikoissa

mainosten tulevaisuudenkuvissa

Muurahainen tiskialtaassa

Se kuoli nopeasti

Se ajautui viemäriin veden
pyörteessä

Se käpertyi tunnistettavasta
tunnistamattomaksi

suojautuakseen liialta

Se ei kuulu heimooni, ei sukuuni

en tiedä sen nimeä, tehtävää

Mutta minun käteni kautta
tapahtui surma

ymmärsin liian myöhään

en kuullut sen hentoja askeleita

kun vesi jo pakeni viemäriin

Yksinkertaisia asioita:

pippurimylly puisella pöydällä

valo sälekaihtimen raosta

hautuva tee

Epäselviä asioita:

usea puhuu yhtä aikaa

koiran hämminki kun se näkee
toisen koiran

huumorin epäselvyys: mille
ihminen nauraa

tilanne jossa lumous särkyy

Kissa vasten selkää

paljon lämpöä jää käyttämättä

kun on mentävä ja tultava

Ohikulkevan miehen kasvoissa

näen hänen nuoruutensa

Neuvottomia aamuja

tympeitä aamuja

sielu on siipeen ammuttu lintu

inhottavan iskun tulos

haavoittunut

ei tiedä olevansa

tätä kutsutaan eläjän
todellisuudeksi

Sadepisaran ääni

tietokoneen ääni

onko valolla ääntä, työpöydän
nivelvalaisimella

Eino ottaa kissanpennun syliin

ne ovat sietämättömän söpöjä

koira järsii luutaan

havaintoja kissanpennuista ja
luusta

 ohessa se mikä jää
huomaamatta

Kuuntelen kaupunkia makasiinin
portailla, pyöräkorjaamon edessä

paikassa joka paloi ennen
purkamistaan

kun aurinko pehmentää
maiseman

kuulen kaupungin niin kuin
veden äärellä istuja kuulee
veden

Laimennettu ajatus

keskeytetty mielikuva

piilotettu sana

toistuva kuva

opittu havainto

Matkiminen on korkein
sosiaalisen oppimisen muoto

sanottiin kädellisistä kertovassa
dokumentissa

Osa II

LÄHTEÄ

Lähteä

Jäädä

Säilyttää satavien rakeiden ääni

Mitä on toisaalla

tahdonko

sosiaaliseen peliin

hymyillä kun minulle hymyillään

 nauraa kun takanani kerrotaan
vitsi

Huhtikuu

olen kauhuissani

olen rakastunut

lokit huutavat liikenteen yllä

En muista kaikkea

teekupin ympärille kiertyneet
sormet

askeleet musiikkitalon sillalla

sanoit

kuljen sinne minne sinäkin

Olet luonani

kaipaan sinua

Lähteä, nähdä

Orimattilaa

radanvarsia

pysähdyspaikkoja

syödä grilliruokaa, suklaata

matkustaa eteenpäin

lapsuudenmaille

peltoja

ruokakauppoja

En saavuttanut menestystä

mitä eniten kaipasin

se minulle suotiin

Houkuttavat pois rakkaalta
rannalta

Jokin pyytää jäämään ajatuksiin,
talvilepoon

pehmeä vuode hämärässä
huoneessa

Ne sanovat: Eteenpäin

elävän mieli

Kertaan

eteenpäin

elävä

mieli

Virkailija kysyy CV:tä

Ehkä lähetän hänelle runon

Koira näki jäniksen

unohti hihnansa

Kuinka ratkaisen asiani?

Ymmärränkö kaiken, itseäni

tai häntä joka oli syypää
onnettomuuteen

niin kuin arvelin

Näyttääkö rakenne loogiselta

etäältä nähtynä

samoin kuin tähdet
muodostavat kuvioita

riittävän etäältä tulkittuna

   Yksinäisyyden ja yhteyden
ratkaisuyritys

  ujouden ja puheen ongelma

  Olinko syypää hänen huonoon
oloonsa

  Kun uhrina murehdin

  tunsinko itseni

  vai tunsinko tuskaa

Lähtemisen vaaroissa kuiskaus

mitä aion

sanoa

jättää sanomatta

parempi olla hiljaa

minkä tahtoisin huutaa

palaa minuun

palaa, iskuna

kunnes hengitys kääntyy
sisäänpäin, kääntyy niin että
lakkaa

kunnes on pakko

tyyntyä

Lähtemisen lieveilmiöitä

joista saatan olla onnellinen

tuntea tärkeyttä

muovikortti omalla kuvalla

lounasetu

ne jotka istuvat samaan pöytään

keskustelemaan
ampumahiihdosta

kerroin tästä illalla kyyneliä
silmässä

Herään pelkojeni tiivistymiin

Kuinka monta kertaa minun on
toistettava lause ennen kuin
nukahdan

Kissa kehrää kun painan
kämmenen vasten sen selkää

sekö minut tyynnyttää,
lukulampun valo, pakastimen
hyminä

Varjot asuvat minussa

muistin liikaa menneiltä vuosilta

pelkäsin tulevia

Siinä välissä minun on selvittävä

siinä välissä minun on nukuttava

Toivon että nousisit, huomaisit
ahdinkoni

jotta voisin sanoa

sydämeni on tyyntynyt

Sanoja hänelle joka hakee turvaa
portinpielestä

    pieleen mennyt, sanoittamaton
    merkkiteos mielessäni

    odottamaton lukujono

    odotettu luku

    kiireetön tuska

    vastikkeeton lause

    toistettava suru

Kuka olen?

Et sitä minua katsomalla tiedä.

Löydät minut näiltä riveiltä.

Kysy mitä tarkoitan, enkä voi
sitä selittää.

Luopuminen, kuolema, ilo.

Näinkö järjestyvät?

Laivat seisovat satamassa
kuulaana syysaamuna.

Kuka silloin odottaa?

Laiva vai viipyjä?

Niin paljon sopimattomia
vaihtoehtoja

jokaisella tapa olla

jokin oikea

Olin kai huimaavan hakoteillä

> kuinka kaunista havahtua
> kyynisyyden harhaan ja nähdä
>
> kirjoittava käsi
>
> jalka joka ojentuu askeleeseen
>
> suu joka muodostaa sanan,
> minkä tahansa
>
> Täynnä merkitystä

Mitä on valo

joka kulkee terävänä varjon
rajalla

koira seisahtuu, mikä on tuo
kirkas

joka pysäyttää tavallisuuden
muistettaviksi kuviksi

Iloiset aallot kuljettivat minut
takaisin

    Muistetulle Rannalle

    mitä tarvitsen ylellisyyteen
    saakka

    putoavien lumihiutaleiden
    ääntä

Palasin Muistetulle Rannalle

peitän käteni loputtomaan
hiekkaan

Palasin pakosta, omasta
halustani

kun tuuli nostatti kiireen ja meri
kävi vaativaksi

Palasin, koska poikani yski, hän
tarvitsi minua

toimistohenkilökunnan
epävireisyys resonoi herkässä
sielussani

Piiloudun heidän ulottuviltaan,
lasken päiviä niin kuin etsijä
toistettavassa piiloleikissä

Toimiston hyllyllä istuu
asiakkaalta unohtunut
nallekarhu mitään näkemättä.

Eräänä päivänä ne kasaantuvat

> niin kuin meren vaahto
> kasautuu katkenneiden
> kaislojen sekaan
>
> Ajatukset, haaveet
>
> saavat muodon
>
> Tapahtuvat.

Kotona se tapahtuu kaikenlaista

on palasaippua ja vetinen

aluslautanen

on kissanvessa siivottava joka

päivä.

CD toistaa Joutsenlampea

lapsena tanssin balettia

olohuoneen matolla, olin surullinen

ja iloinen, kuoleva ja elävä, kaunis

lensin.

Nyt juuritaikina kohoaa vihreässä kulhossa,

kohdevalaisin osoittaa kattoa

kartansivuista taiteltu tähti roikkuu tv-
kaapin ovessa.

Uutiset, sää ja urheilu

koira viltin alla

istutaan Soilen kanssa sohvalla.

Pianon kansi on auki, Love Storya ja

Laulavat sadepisarat

syön viimeisen palan piimäkakkua.